LA QUERELLE

DU

PRÉSIDENT DE BROSSES

AVEC VOLTAIRE

CUNISSET-CARNOT

LA QUERELLE

DU

Président de Brosses

AVEC VOLTAIRE

A DIJON

CHEZ DARANTIERE, IMPRIMEUR

65, Rue Chabot-Charny, 65

1888

LA QUERELLE
DU
PRÉSIDENT DE BROSSES
AVEC VOLTAIRE

« Le président de Brosses, a dit Sainte-Beuve, avec un esprit prodigieux, avec un goût vif et fin, et des parties de génie, n'est pas connu aussi généralement qu'il devrait l'être. Célèbre et populaire en Bourgogne, ce nom n'a pas pris, dans la mémoire de tous, en France, le rang qui lui est dû. Cela vient de ce qu'il n'a pas vécu à Paris, de ce qu'il a été un des derniers grands représentants de l'érudition et de la littérature provinciales de l'ancienne France..... Il n'est resté grand homme que dans sa province. » Les regrets exprimés dans cette appréciation sont aussi justes qu'elle est exacte; mais Sainte-Beuve aurait pu ajouter, pour expliquer l'indifférence d'aujourd'hui envers un homme qui a excité de son temps un intérêt aussi vif, que le développement de la science moderne a enlevé aux ouvrages du président de Brosses la plus grande partie de leur attrait. — Politique habile et énergique, le président de Brosses a été, en province, l'âme de la résistance, de la lutte des parlements contre le pouvoir royal ; auteur aimable, versé dans l'érudition autant qu'homme de son temps, amateur très éclairé, nous le voyons, dans ses ouvrages, aborder avec une compétence égale les sciences, les lettres et les arts, tandis que sa correspondance est recherchée par tout ce que l'Europe compte alors d'esprits distingués. — Et pourtant, si un indiscret hasard n'avait livré à la publicité ses *Lettres familières écrites d'Italie*, ce chef-d'œuvre de gaîté française, d'esprit et d'ingénieuse critique, de Brosses serait peut-être complètement oublié aujourd'hui (1). La postérité est injuste : le président mérite mieux que cet hommage à

(1) Une copie des *Lettres familières* fut dérobée par un sieur Serieys, qui était, en 1793, commis à la garde des papiers saisis chez les émigrés, et il la fit imprimer en 1799.

son esprit, accordé, il est vrai, par tous ceux qui ont lu ses lettres d'Italie et qui ne le connaissent pas autrement. — Ses autres ouvrages, la grande édition de *Salluste, la Formation mécanique du langage, l'Histoire des navigations aux terres australes, le Culte des dieux fétiches, etc.*, les nombreux mémoires qu'il adressa aux académies et aux sociétés savantes sur tous les sujets qui pouvaient intéresser de son temps un esprit cultivé, l'étendue et l'importance de ses relations, sa vie de grand seigneur, sa lutte avec Voltaire, qui divisa le monde des lettres, tout contribua à lui donner une place considérable dans la seconde moitié du XVIIIe siècle. Il semble donc qu'il doive obtenir du XIXe plus que cette indifférence dans laquelle il paraît tombé, et c'est justice que de protester aujourd'hui contre un oubli immérité.

I

Les démêlés du président avec Voltaire furent longs et douloureux : de Brosses l'emporta, mais nous verrons à quel prix ! — Sainte-Beuve, avant de montrer le rôle que Voltaire joua dans cette affaire, prend une précaution oratoire : « Assuré, dit-il, qu'il ne saurait y avoir d'incertitude sur l'admiration due au plus vif esprit et au plus merveilleux talent, je serai moins embarrassé à parler de l'homme et à le montrer dans ses misères. » — Qu'on nous permette de nous ranger derrière Sainte-Beuve, et de faire la même déclaration que lui, car nous sentons bien que, comme lui, c'est pour le président que nous prendrons parti. Ainsi ont fait les Bourguignons ses contemporains, qui presque tous, Buffon, Piron, Clément, Crébillon, Cazotte, Montillet, Larcher, et surtout le tant dénigré Patouillet, devinrent les ennemis de Voltaire. Il y avait peut-être, après tout, quelque solidarité de compatriotes au fond de cette rancune.

Mais avant de montrer le président de Brosses aux prises avec le plus formidable adversaire qu'il pût rencontrer de son temps, il faut raviver de quelques couleurs son portrait qui s'efface, tandis que la physionomie de Voltaire demeure bien vivante dans toutes les mémoires.

Charles de Brosses naquit à Dijon, le 7 février 1709, de Charles, déjà conseiller au parlement, fils lui-même d'un conseiller, et de Pierrette Févret, fille du célèbre jurisconsulte. Sa famille était donc de robe, mais autrefois elle avait été d'épée. Un de Brosses fut blessé mortellement à Fornoue ; un autre servit avec éclat sous Charles VIII, Louis XII et François Ier.

Le père de Charles, qui avait un goût très vif pour les lettres et les études sérieuses, surtout pour l'histoire et la géographie, sut, par une forte éducation, la développer chez son fils. Il surveillait lui-même avec le plus grand soin l'instruction de l'enfant, et l'on raconte que chaque jour, parfois pendant près de deux heures, il s'asseyait en face de lui, et, tenant ses deux mains dans les siennes, lui faisait répéter les choses qu'il avait précédemment apprises. — La mort ravit à de Brosses cet excellent précepteur alors qu'il avait à peine quatorze ans, mais sa mère, femme de haute valeur et d'un grand savoir, continua l'œuvre commencée et dirigea les études de son fils avec un soin que couronna le plus éclatant succès. Le terrain était fertile et ne demandait qu'à être cultivé : les fruits qu'il produisit furent merveilleux. Encore sur les bancs de l'école, de Brosses avait déjà une véritable réputation. La ville se passionnait pour lui, et lorsqu'il passa son dernier examen de droit, il fallut, dit un de ses biographes, qu'on le fît monter sur un petit escabeau, parce que la foule voulait le voir et que l'exiguïté de sa taille le laissait dissimulé derrière le pupitre des récipiendaires ! — Cet examen fut un triomphe. La Faculté en corps alla féliciter la mère de Charles, reconnaissant ainsi toute la part qu'elle avait dans ce succès, que la direction donnée par elle à la forte éducation de son fils avait depuis longtemps préparé.

Peu après, le 13 février 1730, Charles de Brosses prit, à vingt et un ans, avec une dispense d'âge, place au banc des conseillers du parlement. — « A peine installé, il étonna ses collègues par sa connaissance profonde des lois... Il fut bientôt connu par sa compétence dans une des matières les plus ardues de la jurisprudence, et cité comme le plus habile commissaire à terrier qui fût dans toute la Bourgogne (1). » — A quelques années de là, Lamoignon de Malesherbes, conseiller au parlement de Paris, ayant été envoyé pour faire une enquête sur un abus de pouvoir présidial de Saint-Pierre-le-Moutier, l'affaire lui parut si embarrassante qu'il renonça à l'instruire. Elle fut

(1) Mamet, *le Président de Brosses.*

confiée alors au jeune conseiller de Brosses, qui s'en acquitta de façon à mériter les félicitations du chancelier Daguesseau. — C'était donc un jurisconsulte éminent, et s'il ne nous a laissé aucun ouvrage de droit, c'est vraisemblablement qu'en cette matière la pratique avait pour lui plus d'attraits que la théorie. — Mais, au dire du bon Dupuy, secrétaire de l'Académie des inscriptions, dont de Brosses faisait partie dès 1746, il avait étudié en outre « l'histoire ancienne et moderne, sacrée et profane, la géographie, la chronologie, la mythologie, la philosophie, la physique, la métaphysique, en un mot toutes les sciences ! » Et Buffon, qui fut un de ses meilleurs amis, a pris plaisir à nous expliquer, en grand style, le secret de cette universalité : « Ce qui lui donnait, dit-il, cette avidité pour tous les genres de connaissance, quelque élevés, quelque obscurs, quelque difficiles qu'ils fussent, c'était la supériorité de son esprit, la finesse de son discernement, qui, de très bonne heure, l'avaient porté au plus haut point de la métaphysique des sciences. Il en avait saisi toutes les sommités, et sa vue s'étendait d'en haut sur les plus petits détails, au point de ne laisser échapper aucun de ces rapports fugitifs que le coup d'œil du génie peut seul apercevoir. »

Toute cette science était sans l'ombre de pédanterie, sans que de Brosses cessât un seul instant d'être un homme du monde accompli, et le plus charmant conteur de son époque avec l'abbé Galiani. — Il le prouva bien, quand il fit, avec Loppin et les deux Lacurne, ce célèbre voyage en Italie dont ses *Lettres familières* nous ont conservé les détails. Quel chef-d'œuvre de spirituelle bonne humeur, d'abandon naturel et de saine gaîté ! Mais, en même temps, que d'érudition vraie, et quelle sûreté de goût ! — Les trois amis firent sensation dans la Ville éternelle, et, quand ils furent rejoints par Legouz, le cardinal Passionnei avait beau dire, avec une pointe d'ironie, que, depuis l'invasion des barbares, on n'avait jamais vu tant de Bourguignons dans Rome, il était sous le charme, et toute la bonne société italienne avec lui. — Le docteur Maret, qui avait beaucoup connu le président de Brosses, disait que « son talent de faire, sans prétention, des vers dont l'à-propos relevait le mérite, le faisait rechercher partout, et partout sa présence faisait renaître la gaîté (1). » —

(1) *Oraison funèbre du président de Brosses, prononcée devant l'Académie de Dijon;* Dijon, 1776.

Physiquement, le président était d'une toute petite taille. Nous savons qu'il fut excellent cavalier. Il était agile, remuant, et dans une perpétuelle vivacité de corps : l'esprit de même, fort expansif, fort prompt, exubérant comme on l'est volontiers en Bourgogne ; s'enflammant tout à coup pour une idée, et parfois saisi de colères subites enlevées au paroxysme, pour retomber la minute d'après et se fondre dans un éclat de rire.

Un soir chez le président de Ruffey, on parle voyages, on bâtit des hypothèses sur les terres australes encore si mystérieuses : de Brosses s'émeut, discute, s'échauffe, et, au sortir de la réunion, commence son *Histoire des navigations aux terres australes*. Cette *navigation* par un commissaire à terrier au parlement de Dijon tomba sous les yeux de Bougainville et de Cook, et les lança l'un et l'autre à la découverte d'un monde ! — Le jour où, à la suite de l'institution du parlement Maupeou, le président de Brosses venait, avant son exil, de siéger pour la dernière fois, il trouve, en rentrant dans son cabinet, Mme Févret de Fontette, sa cousine, dont le mari avait accepté une place dans la nouvelle cour. A sa vue, il est saisi d'un transport de colère, il prend sa robe et sa toque, les jette à terre, et crie à son valet : « Tenez, prenez ceci, il n'y a plus que les laquais qui en puissent porter ! » C'était commenter à la façon de son tempérament cette parole de Montesquieu : « La république touche à sa décadence, quand les hommes qui exercent le pouvoir y sont comblés d'infamie et de dignités ! » — A l'occasion de Brosses savait parler de même, quand, la première émotion passée, il avait eu le temps de se reprendre. Témoin la réception qu'il fit à Tavannes, commandant militaire de la province, quand celui-ci, après cette lutte célèbre pour les *honneurs* qu'il devait recevoir du parlement, et à la fin de ces longues péripéties, terminées, comme on sait, par un édit du roi, se présenta à la réception solennelle : « Monsieur, lui dit de Brosses, le roi, seul maître des honneurs, ayant bien voulu vous accorder la plus haute distinction que vous puissiez recevoir en cette province, le parlement, toujours plein de respect et de soumission pour ses volontés, vient, à l'occasion de votre retour, exécuter les ordres de Sa Majesté. »

Les portraits du président sous l'hermine nous le montrent de maintien sérieux, sévère même ; mais les yeux pétillent de malice, avec une expression de finesse presque féminine; et si, à l'audience, il montrait à sa compagnie l'exemple de la gravité la plus digne, devant lui la malice des avocats pouvait se donner utilement carrière. — Diderot, qui l'a vu sur son siège, en a conservé une impression originale : « Le président de Brosses, dit-il, que je respecte en habit ordinaire, me fait mourir de rire en habit de palais. Et le moyen de voir, sans que les coins de la bouche ne se relèvent, une petite tête gaie, ironique et satirique, perdue dans l'immensité d'une forêt de cheveux qui l'offusquent! Et cette forêt, descendant à droite et à gauche, qui va s'emparer des trois quarts du reste de la petite figure! » — Le président, en revanche, n'est pas moins singulièrement frappé à la vue de Diderot, et lui rend sa peinture en trois lignes: « Je m'attendais, écrit-il, à trouver en Diderot une furieuse tête métaphysique, et c'est un gentil garçon, bien doux, bien aimable, grand philosophe, fort raisonneur, mais faiseur de digressions perpétuelles. » — « De Brosses, a dit Rigault, est un des hommes les plus gais de France, tout conseiller qu'il est au parlement de Dijon ; c'est un de ces magistrats comme il y en avait tant jadis et comme il en reste encore, dit-on, quelques-uns, qui prennent, en montant sur leur siège, la gravité austère et la dignité froide, mais les y laissent en descendant, et redeviennent, sans robe, de bonnes gens de beaucoup d'esprit.... »

II

Les relations de Voltaire et du président de Brosses étaient déjà anciennes; ils s'écrivaient et paraissaient y trouver l'un et l'autre un certain plaisir, quand, en 1758, il commença de se mêler à leur correspondance une véritable question d'intérêts. — Voltaire récemment échappé à l'amitié de Frédéric, et à l'aventure de Francfort, en froid avec la cour de France, et par cela même assez mal accueilli partout, était fort indécis sur le choix d'une retraite. On le voit successivement « à Strasbourg, à Colmar, à l'abbaye de Sénone et à Plombières dans les Vosges; il tâtait de loin l'opinion de Paris sur son compte, et, en attendant, il cherchait un pays de frontière pour s'y asseoir en liberté. » Il se fixe d'abord à Lausanne, puis aux Délices; mais il est à peine tranquille, il songe à s'assurer plus d'un gîte et à tenir le pays en plus d'un endroit.

Il achète Ferney en octobre 1758, et, à peu près dans le même temps, il demande au président de Brosses de lui vendre, soit définitivement, soit plutôt à vie, un bien que celui-ci possédait à Tourney dans le pays de Gex, c'est-à-dire à la limite extrême de la frontière française. « Je suis vieux et malade, lui écrivait-il à propos de ce bail à vie; je sais bien que je fais un mauvais marché, mais ce marché vous sera utile et me sera agréable. Voici quelles seraient les conditions que ma fantaisie, qui m'a toujours conduit, soumet à votre prudence; » et il les énumère : c'est bien de la fantaisie! Mais aussi c'est avec la prudence éclairée par l'expérience de l'homme d'affaires que le président fait sa réponse. Il y mêle cent traits d'esprit qui déguisent ce qu'il peut y avoir de prosaïque à traiter d'intérêts avec un homme qui plane sur les sommets du Parnasse, mais il place en même temps les termes du contrat comme il faut qu'ils soient. — Le philosophe épilogue: pourtant le marché se conclut et voilà Voltaire locataire à vie de Charles de Brosses. Il est ravi, il signe « comte de Tourney, » il a deux curés dans sa nouvelle seigneurie, et il en est tout fier: « Mes curés reçoivent mes ordres, écrit-il, et les prédicans genevois n'osent me regarder en face ! » Et tandis qu'à Paris la tempête se déchaîne contre les encyclopédistes, Voltaire fait bâtir un théâtre à Tourney, bouleverse la maison, coupe les bois, change les tracés des avenues et vit dans cette joie du riche propriétaire qui sait jouir de sa fortune.

Mais cette quiétude ne pouvait durer; il fallait à Voltaire plus d'agitation. Sans parler de ses affaires avec le monde entier, nous le voyons harceler sans cesse le président pour une chose ou pour une autre. Il se mêle de tous les procès qui, du pays de Gex, vont au parlement de Dijon : il a toujours quelque client qu'il a pris sous sa protection et pour lequel il implore l'appui du président de Brosses : « Voyez, au nom de l'humanité, lui écrit-il, ce que l'on peut faire pour ceux-là; ayez compassion des malheureux, vous n'êtes pas prêtre, etc. » — Le président répond toujours, sur tous les points, avec complaisance, avec esprit en même temps ; mais on sent qu'il a de l'humeur, et que, magistrat toujours soucieux de sa dignité comme de sa réputation d'extrême délicatesse, il subit plutôt qu'il ne recherche l'honneur de cette correspondance. D'autant plus qu'il est bien rare que Voltaire ne glisse pas, dans chaque lettre, quelques traits sur sa position de locataire à vie du président. Il paraît croire qu'il a payé trop cher, qu'il ne s'est point assez débattu, qu'il a cédé trop vite sur les conditions du marché, et sans cesse il y revient. Il semble espérer, dans son ignorance absolue des choses de droit, qu'il peut modifier ce qui est fait et obtenir quelque nouvel avantage. — Le président n'y comprend rien. Ces vétilles sont trop au-dessous de son caractère pour qu'il les discute. Il ne répond qu'une fois, mais en des termes singulièrement péremptoires : « Nous avons traité en gentilshommes et en gens du monde, non en procureurs ni en gens de chicane. De votre côté, vous êtes incapable d'user de ceci autrement qu'en galant homme, comme vous feriez de votre bien patrimonial, en bon propriétaire et en bon père de famille. Ainsi, fiez-vous à moi, je me fie à vous, que les deux mots soient dits pour jamais entre nous. » — Devant un langage si ferme et si net, devant cet appel non seulement à la courtoisie, mais à la foi dans leur honneur réciproque, on imagine que c'est fini et que Voltaire abandonnera un débat aussi mesquin. Ce serait mal le connaître ! — Il semble non seulement qu'il n'a pas compris ce que lui écrivait de Brosses, mais qu'il ne l'a même pas lu, car il continue avec une tranquille assurance de répondre à tant de modération et de raison par les plus mauvais procédés. Il abat la moitié du château, coupe les arbres au mépris de son traité, transforme les bois en prés, quoi qu'en ait dit le président, refuse de payer les droits de mutation, ne veut pas se prêter à une reconnaissance de la terre, et manque de laisser perdre la justice de Tourney, faute de l'exercer. Que si on lui représente combien tout cela est contraire, non seulement au contrat, mais aux lois elles-mêmes, il se drape dans sa majesté offensée et répond, du haut d'un piédestal où il vient de se hisser : « J'ai tout lieu de me flatter que vous ne me troublerez pas dans les services que je vous rends, à vous et à votre famille. J'ai fait le bien pour l'amour du bien même, et le ciel m'en récompensera : je vivrai longtemps, parce que j'aime la justice ! »

Mais on réplique, tout change ! Voltaire n'est plus le dieu qui juge de haut l'iniquité des hommes et qui rend des oracles sur la justice : il ne veut même plus être Français ! Il saute à bas de son siège, et le voilà dans la plus violente comme dans la plus ridicule des colères. Ecoutez-le : « Il faut se remuer, se trémousser, agir, parler et l'emporter ! J'ai amélioré Tourney, j'ai amélioré la terre ; mais je brûlerai tout si l'on me *vole* le moindre de mes droits ! *Je suis Suisse !* Je n'entends point raison quand on me vexe. J'ai de quoi vivre sans Tourney, et j'aime mieux y laisser croître les ronces que d'y être persécuté !... etc. » — Cette mobilité d'attitude, cet oubli absolu des conventions faites et des paroles échangées, la tranquillité de cette conscience qui s'arrange de toutes ses situations au gré de ses intérêts, tout cela étonnait et peinait le président, mais ne le déconcertait pas. Il répondait toujours avec le même sang-froid, avec le même ton de bonne compagnie, avec le même esprit. Cela dura deux ans passés ! — A la fin, pourtant, il se fâcha. Mais il exerçait sa patience et retenait sa plume depuis plus de deux longues années ; il avait épuisé tous les euphémismes et tous les adoucissements. S'il éprouvait pour le génie de Voltaire la plus sincère et la plus légitime admiration, il devait finir par séparer l'homme de l'écrivain, puisqu'il y était contraint par celui-là. Cette séparation faite, en face du vieillard tracassier, défiant, qu'était alors

Voltaire, aigri parce qu'il était persécuté, jaloux sur bien des sujets, et préoccupé de ses intérêts matériels plus que son habitude des spéculations philosophiques ne permettrait de le supposer, de Brosses sait ce qu'il vaut et fait la figure qu'il doit. — Grand seigneur, aimable, menant un train conforme à son rang, homme du monde accompli, bien au-dessus des misères dont Voltaire le tracasse, magistrat d'une haute valeur, vénéré de sa compagnie et de tous ceux qui l'approchaient, le président, qui sent attachés sur lui les regards de tout ce que son siècle compte d'hommes distingués, n'abaissera pas le front devant le dieu, et tout à l'heure il lui parlera comme il convient.

L'éclat se fit pour peu de chose : quatorze moules de bois ! Voici comment. Lorsque Voltaire prit possession de Tourney, en 1758, il était convenu que la coupe du bois déjà abattu ne lui appartiendrait point, parce qu'elle était réservée pour un certain Charlot Baudy, auquel M. de Brosses l'avait précédemment vendue. Voltaire ne fit aucune difficulté de souscrire à cette condition formelle, et signa sans objection. Peu après il eut besoin de bois pour son chauffage, et s'avisa d'en demander au président. Celui-ci, qui n'en avait plus, l'adressa naturellement à Charlot Baudy, acquéreur de ce qui était coupé à Tourney, et Charlot Baudy en livra quatorze moules à Voltaire. — Rien de plus simple, on le voit, et nul n'imaginerait qu'une situation aussi nette va se compliquer au point de fournir un drame à longues péripéties, dont le dénoûment, certes bien imprévu, sera l'échec du président à l'Académie française! Il en fut ainsi pourtant, sans qu'il y eût rien dans toute l'aventure que le débat sur ces quatorze moules de bois.

Après qu'ils furent livrés, naturellement Voltaire les brûla. Il ne s'agissait donc plus que de les payer. C'est par là que nous entrons dans le vif de la querelle — C'est toujours une ennuyeuse affaire que de payer son bois trop longtemps après qu'il vous a chauffé : le souvenir du bien-être qu'on lui a dû est effacé, et l'exigence soudaine du marchand apparaît comme une injustice. C'est ce qui arriva pour Voltaire. Charles Baudy attendit plus de deux ans avant de lui envoyer sa facture, et Voltaire alors eut l'incroyable faiblesse de prétendre qu'il ne lui devait rien. Devant cette situation inattendue, le pauvre Baudy se tourna du côté du président de Brosses, par l'entremise duquel la commande avait été faite. Et ce fut cette goutte d'eau qui fit déborder le vase. — Tout de suite le président en écrivit à Voltaire à la date de janvier 1760 : « Baudy me porte en compte et en paiement quatorze moules de bois vendus à M. de Voltaire, à trois patagons le moule ; et comme il pourrait paraître fort extraordinaire que je payasse le bois de la fourniture de votre maison, il ajoute pour explication qu'ayant été vous demander le paiement de sa livraison, vous l'aviez refusé, en affirmant que je vous avais fait don de ce bois..... Je ne prends ceci que pour le discours d'un homme rustique, fait pour ignorer le langage du monde et les convenances, qui ne sait pas qu'on envoie bien à son ami et à son voisin un panier de pêches ou une demi-douzaine de gélinottes ; mais que, si l'on s'avisait de lui faire la galanterie de quatorze moules de bois, il le prendrait pour une absurdité contraire aux bienséances, et il le trouverait mauvais.... J'espère que vous voudrez bien payer cette bagatelle à Charlot, parce que, comme je me ferai certainement payer de lui, il aurait aussi infailliblement son recours contre vous, ce qui ferait une affaire du genre de celles qu'un homme tel que vous ne veut point avoir. »

Mais Voltaire n'est pas pris sans vert. Feignant d'être fort occupé d'une affaire de sa justice de Tourney relative à certaine aventure du curé de Moëns, qui pourra se dérouler devant le parlement de Dijon, il répond au président : « Il ne s'agit plus ici, Monsieur, de Charles Baudy et de quatre moules de bois ; il est question de la vengeance du sang répandu, de la ruine d'un homme que vous protégez, du crime d'un curé qui est le fléau de la province, et du sacrilège joint à l'assassinat... » — Le président répond tout droit, sans être dupe de cette diversion ; il parle raison sur l'affaire du curé, donne en passant les meilleurs conseils à Voltaire sur son intervention, mais il ne perd pas de vue l'affaire des voies de bois : « Je ne vous parle plus de Charles Baudy, dit-il en terminant sa lettre, ni des *quatre* moules de bois (lisez *quatorze ;* c'est un chiffre que vous avez omis, nous appelons cela un *lapsus linguæ*).... Si je vous en ai parlé, peut-être au long, ce n'a été que comme ami et voisin, en qualité d'homme qui vous aime et qui vous honore, n'ayant pu s'empêcher de vous représenter combien cette contestation allait devenir publiquement indécente, soit que vous refusassiez à un paysan le paiement de la marchandise que vous avez prise près de lui, soit que vous prétendissiez faire payer à un de vos voisins une commission que vous lui aviez donnée. Je ne pense pas qu'on ait jamais ouï dire qu'on ait fait à personne un présent de quatorze moules de bois, si ce n'est à un couvent de capucins ! »

Comparer la maison de Voltaire à un couvent de capucins, et dans le temps même où il s'échauffait si fort contre ce curé de Moëns à propos duquel il écrivait à d'Alembert : « Je m'occupe à faire aller un prêtre aux galères, » il y avait de quoi le faire damner, et lui donner toute sa colère et toute sa rage (1). — Il entra en effet dans un de ses accès effroyables et céda aux plus déplorables inspirations. Il écrivit à tous ses amis de Bourgogne, au premier président de la Marche, au procureur général de Quintin, au conseiller Lebeau, au président de la cour des comptes de Ruffey, leur demandant justice, les voulant pour arbitres et dénaturant à plaisir les faits en même temps qu'il couvrait de Brosses auprès d'eux des

(1) Sainte-Beuve.

plus abominables calomnies. Perdant toute mesure et toute raison, il envoyait cette menace honteuse au président de Ruffey : « Qu'il tremble, il ne s'agit plus de le rendre ridicule, il s'agit de le déshonorer ! Cela m'afflige mais il paiera cher la bassesse d'un procédé si coupable et si lâche ! » Puis, par une aberration inconcevable chez un tel esprit, il écrit à de Brosses directement, le prend à partie, arrange les faits de la cause à sa guise, sans nul souci de la vérité, et termine, après force injures, en le menaçant de la colère du roi, auquel il le dénoncera.

Le président ne s'émut pas outre mesure. Fort de sa conscience et de son bon droit, fort de la dignité de sa vie, de l'estime de toute la province, fort de l'approbation de ses amis, qui avaient refusé l'arbitrage auquel Voltaire voulait le soumettre, il va répondre au roi de Ferney d'un style et d'un ton qu'un seul homme, — le grand Haller, — eût osé jusque-là prendre avec lui. Voltaire, pour ce coup du moins, trouva son maître. Son incomparable génie inspire la plus vive admiration, mais il faut avouer, avec les Bourguignons, que l'on éprouve quelque plaisir en voyant celui des leurs qui fut peut-être leur représentant le plus complet au siècle dernier refuser de courber la tête devant Voltaire, et même le tenir un instant abaissé devant lui. — Et qu'on nous pardonne cette joie, Sainte-Beuve qui n'était pourtant pas Bourguignon, paraît en avoir ressenti tout autant, et par le même sentiment de justice, quand arrivé précisément à juger cette page de la vie de son héros, il va jusqu'à dire: « Il faut voir Voltaire sous bien des jours ; ce monarque absolu et capricieux, qui était sans foi ni loi du moment qu'on le contrariait, rencontra une fois dans sa vie quelqu'un d'aussi spirituel que lui, qui lui dit son fait et qui ne fléchit pas. » — Ce quelqu'un, c'est notre président. Voici, en effet, comment il répondit à Voltaire: « Souvenez-vous, Monsieur, des avis prudents que je vous ai ci-devant donnés en conversation, lorsqu'en racontant les traverses de votre vie, vous ajoutâtes que vous étiez d'un caractère naturellement insolent. Je vous ai donné mon amitié ; une marque que je ne l'ai pas retirée, c'est l'avertissement que je vous donne encore de ne jamais écrire dans vos moments d'aliénation d'esprit, pour n'avoir pas à rougir dans votre bon sens de ce que vous avez fait pendant votre délire... Je désire, en vérité, de très bon cœur que vous puissiez encore continuer trente ans à illustrer votre siècle ; car, malgré vos faiblesses, vous resterez toujours un très grand homme... dans vos écrits. Je voudrais seulement que vous missiez dans votre cœur le demi-quart de la morale et de la philosophie qu'ils contiennent.... Je vous aurais à coup sûr donné comme présent quelques voies de bois de chauffage si vous me les aviez demandées comme telles, mais j'aurais cru vous offenser par une offre de cette espèce. Mais, enfin, puisque vous ne les dédaignez pas, je vous les donne, et j'en tiendrai compte à Baudy, en, par vous, m'envoyant la reconnaissance suivante : « Je soussigné, François-Marie Arouet de Voltaire, chevalier, seigneur de Tourney, gentilhomme ordinaire de la chambre du roi, reconnais que M. de Brosses, président du parlement, m'a fait présent de quatorze voies de bois de moule pour mon chauffage, en valeur de 281 livres, dont je le remercie. » A cela près, je n'ai aucune affaire avec vous ; je vous ai seulement prévenu que je me ferais infailliblement payer de Baudy, qui se ferait infailliblement payer de vous. Je l'ai fait assigner, il vous a fait assigner à son tour. Voilà l'ordre et voilà tout. De vous à moi il n'y a rien, et faute d'affaire point d'arbitrage. C'est le sentiment de M. le Premier Président, M. de Ruffey, et de nos autres amis communs, qui ne peuvent s'empêcher de lever les épaules en voyant un homme si riche et si illustre se tourmenter à tel excès pour ne pas payer à un paysan 280 livres pour du bois de chauffage qu'il lui a fourni... En vérité, je gémis pour l'humanité de voir un si grand génie avec un cœur si petit, sans cesse tiraillé par des misères de jalousie ou de lésine. C'est vous-même qui empoisonnez une vie si bien faite pour être heureuse... Comment ne sentez-vous pas que vous faites pitié quand vous me menacez de parler à la cour, et peut-être même au roi, qui ne songe point à cela, comme vous l'avez très bien dit d'ailleurs !.. Je laisserai prononcer les juges, c'est leur affaire. C'est très hors de propos que vous insistez sur le crédit que vous dites que j'ai dans les tribunaux. Je ne sais ce que c'est que le crédit en pareil cas, et encore moins ce que c'est que d'en faire usage. Il ne convient pas de parler ainsi ; soyez assez sage à l'avenir pour ne plus rien dire de pareil à un magistrat. — Vous voyez, Monsieur, que je suis encore assez de vos amis pour faire une réponse longue et détaillée à une lettre qui n'en méritait point. Tenez-vous pour dit de ne m'écrire plus sur cette matière et surtout sur ce ton. Je vous fais, Monsieur, le souhait de Perse : *Mens sana in corpore sano.* »

Il faut convenir que, si la réponse était bien méritée, elle était vraiment dure. Quelle hauteur et quelle vigueur en même temps ! Mais aussi quel courage ! Pour en sentir tout le mérite, il faut se représenter qu'à cette époque Voltaire était souverain, et que jamais despote n'exerça un pareil empire. Il régnait sans partage sur le monde des lettres au temps où ce monde eut le plus d'importance et le plus de pouvoir. — Voltaire a tenu, dans son siècle, une place plus grande que celle de Victor Hugo dans le nôtre ; à quelques années de là, il allait assister à la plus triomphale apothéose qu'un homme eût encore reçue de son vivant ; qu'on juge de quelle blessure il dut se sentir déchiré quand il vit sa gloire ainsi méconnue et sa majesté à ce point méprisée ! — Sur le coup, vite et habilement il courba le front : il se tut et n'essaya pas de continuer une lutte dans laquelle il avait irrémédiablement le dessous. Exclusivement occupé en apparence de mille autres objets, il demeura sept ans sans échanger une ligne avec le président; mais sa haine contre lui ne restait pas inactive, et il lui portait dans l'ombre des coups meurtriers, dont les terribles effets ne devaient pas tarder à se faire sentir. — Pour de Brosses, il avait réduit son adversaire au silence et il semblait qu'il tînt la victoire : il pouvait en jouir, car elle était le prix d'une lutte loyale pour une cause absolument juste. Mais nous sommes en droit de nous demander si ce n'est pas là une victoire à la Pyrrhus, et s'il n'eût pas mieux valu pour le président ne pas la remporter. Certes, il avait raison sur le fond des choses, et la meilleure preuve en est que, en fin de compte, Voltaire paya les moules de bois, dont le prix fut donné aux pauvres par le président. Cependant, nous pouvons nous demander si de Brosses n'usa pas de trop de rigueur en cette affaire. Voltaire était vieux, souffrant, tracassé de mille soucis : n'eût-il pas dû lui passer cette fantaisie de vouloir se faire donner ce bois de moule, quelque singulière qu'elle fût, et ne pas le presser avec tant de raison, c'est vrai, mais avec tant de sévérité, pour un si mince objet ? Plus on entre dans la connaissance du président, plus croît l'admiration pour l'élévation vraiment noble de son cœur et la distinction de son esprit, et plus on éprouve de pénible étonnement à le voir se donner tant de soucis pour une si mince querelle. — Aussi est-ce avec une véritable satisfaction que l'on trouve, dans la bouche du président, l'explication de sa conduite. Telle qu'elle fut, il était enclin à la tenir ; il avait raison, il pouvait ne pas céder ; mais les motifs qu'il en donne, dans une lettre à M. Fargès, du 10 novembre 1761, c'est-à-dire au fort de la querelle, nous font connaître le secret de son opiniâtreté. Il dit textuellement que Voltaire, — dans une lettre qui malheureusement s'est perdue, — lui a demandé ce malencontreux bois à genoux : « Je le lui donnais tout de suite, ajoute-t-il, sans Ximénès, qui de hasard se trouvait chez moi en ce moment. Il me dit : « Vous seriez bien fol de donner douze louis à ce drôle-là, qui a 100,000 livres de rentes, et qui, pour reconnaissance, dira tout haut que vous ne pouviez faire autrement. » Ximénès n'avait pas tort, aussi décida-t-il vite à la résistance le président, qui déjà s'y trouvait fortement porté par la vivacité de son caractère. — En effet : « Il était facilement ému par la résistance et par la contradiction... et il lui était plus facile de se contenir sur les grandes choses que sur les petites (1). » — On voit donc que, s'il a tant résisté et s'il s'est tant opiniâtré pour avoir raison dans cette pauvre affaire des quatorze moules de bois, ce n'est point par petitesse d'esprit ou par mesquinerie d'intérêt, mais par le seul effet d'un caractère droit qui s'irritait d'un manque de délicatesse à l'égal d'une persévérante injustice.

III

Enfin, la querelle semble terminée ; de Brosses l'a emporté, tout paraît fini. Voltaire doit être à jamais battu, désarmé, et peut-être content, car il écrit, le 3 janvier 1762, au président de Ruffey : « J'ai été très fâché contre M. de Brosses, mais je n'ai point de rancune. » Malheureusement cette aimable assurance n'était qu'une affirmation, car, à partir de ce moment, toute la correspondance de Voltaire avec ses amis de Bourgogne, même avec le président de Ruffey, mais surtout avec MM. Lebault et Legouz, n'est qu'une longue suite

(1) Docteur Maret.

calomnies et d'injures à l'adresse de de Brosses. — Ceux-ci, gens d'honneur et de bonne éducation avant tout, gardaient le secret et n'avertissaient pas le président des dispositions de son adversaire. L'un d'eux pourtant lui dit : « Prenez garde à Voltaire, c'est un homme dangereux ! » A quoi de Brosses répondit : « Et, à cause de cela, faut-il le laisser être méchant impunément ? Je ne le crains pas.... On l'admire parce qu'il fait d'excellents vers ; sans doute, il les fait excellents, mais ce sont ses vers qu'il faut admirer, je les admire aussi, mais je mépriserai sa personne s'il la rend méprisable. »

Avec cette franchise, le président ne pouvait manquer de tomber dans le premier piège que Voltaire lui tendrait. L'occasion en vint bientôt.

Elle se trouva dans la candidature de de Brosses à l'Académie française pour le siège du président Hénault. — Tous les amis du président de Brosses l'engageaient à se présenter, car ils avaient conscience de sa valeur. Outre une série de mémoires et ses *Lettres familières sur l'Italie*, il avait terminé, à cette époque, trois ouvrages considérables pour le temps, et justement estimés alors : *l'Histoire des navigations aux terres australes, le Culte des dieux fétiches*, et un *Traité de la formation mécanique des langues*. Il était, en outre, de l'Académie de Dijon et de celle des Inscriptions ; c'étaient là des titres sérieux, et l'on ne pouvait douter de sa réussite. De plus, les places vacantes se succédaient et augmentaient ainsi les chances de M. de Brosses ; le président Hénault, Moncrif, Alary, Mairan, meurent coup sur coup. — Cependant, à chaque vacance, un adversaire surgit au président ; parfois on ne sait vraiment d'où, sans titres, sans renommée, sans notoriété même. C'est M. de Roquelaure, c'est le prince de Beauveau, l'abbé Arnaud, Gaillard ; et tous, sans effort apparent, sans parti qui les soutienne avec ardeur, tous l'emportent sur de Brosses ! Ses amis sont déconcertés ; lui-même, profondément découragé, renonce à toute candidature. — Il n'eut pas de son vivant l'explication complète de ce mystère, car il ne s'éclaircit tout à fait que lorsque la génération suivante eut recueilli et publié la correspondance générale de Voltaire. On vit alors à nu les ressorts de l'intrigue, et vraiment ils sont à faire pitié !

A la première nouvelle de la candidature de M. de Brosses pour remplacer Hénault, Voltaire, qui est trop éloigné pour agir directement par les lons dans ce milieu de Paris où l'intrigue académique va se mouvoir, Voltaire, *qui n'a pas de rancune*, commence d'écrire à d'Alembert et le fanatise littéralement contre le président : « On dit que le président de Brosses se présente. Je sais qu'outre *les Fétiches*, et *les Terres australes*, il a fait un livre sur les langues, dans lequel ce qu'il a pillé est assez bon, et ce qui est de lui est détestable... Il a eu un procédé bien vilain avec moi, et j'ai encore la lettre dans laquelle il m'écrit à mots couverts que, si je le poursuis, il pourra me dénoncer comme auteur d'ouvrages suspects que je n'ai certainement pas faits. » — C'étaient d'infâmes calomnies ; mais d'Alembert prend feu sans discuter, sans examiner comme tout homme de parti sur le seul mot de son chef. Il entre tout de suite en campagne, et rend compte à Voltaire de tout ce qu'il fait. Il lui annonce que de Brosses possède beaucoup d'amis dans l'Académie, mais on parviendra bien à les détacher ; et les voici tous deux à l'œuvre. — Voltaire écrit à ceux que d'Alembert ne visite pas, et toutes les lettres ne sont, quand il parle du président, qu'un tissu de calomnies et d'injures. Il l'appelle fétiche, fripon de président, petit persécuteur, nasillonneur, etc. — Avec une persévérance incroyable, il lui suscite des rivaux pour l'Académie, il va jusqu'à inventer la candidature de ce Morin, si maltraité dans les mémoires de Beaumarchais. A court d'hommes, il songe à Delille, dont la jeunesse ne permet pas encore la nomination : « Si vous ne le prenez pas, écrit-il, ne pourriez-vous pas avoir quelque espèce de grand seigneur ? » Il s'agit, en effet, non seulement d'écarter de Brosses, mais, comme dit Voltaire lui-même, « de le dégoûter pour toujours ! » Si l'on s'avise de résister, comme fit le maréchal de Richelieu, Voltaire frappe à coups redoublés, ses lettres se succèdent : « Je suis obligé d'importuner mon héros pour des bagatelles académiques, écrit-il au maréchal ; mais on me mande que vous voulez avoir pour confrère un président de Bourgogne, appelé de Brosses ; je vous demande en grâce, monseigneur, de ne me le donner que pour successeur. Il n'attendra pas longtemps et vous me feriez mourir de chagrin plus tôt qu'il ne faut si vous protégiez cet homme ; » et quelque peu après : « Vous ne connaissez pas le président de Brosses, et moi je le connais pour m'avoir voulu dénoncer. » Presque à la même date, il écrivait à M. de Ruffey, à propos de l'élection de Gaillard :

«.... J'ai écrit ces lettres en faveur de M. Gaillard avant que j'eusse appris que M. de Brosses voulait être notre confrère. Il nous fera certainement bien de l'honneur à la première occasion. » — Cette occasion ne tarde point à se présenter, et alors Voltaire écrit à d'Alembert : « Voilà donc une quatrième place vacante. Donnez-la à qui vous voudrez, pourvu que ce ne soit pas au président de Brosses, je suis content. » Puis, dans une nouvelle lettre : « Je passe le Rubicon pour chasser le nasillonneur, délateur et persécuteur, et je déclare que je serai obligé de renoncer à ma place si on lui en donne une. »

Menée avec cet implacable acharnement, la campagne ne pouvait manquer de réussir. Nous l'avons vu, de Brosses se découragea et ne se présenta plus. Alors avec une magnanimité, une grandeur d'âme dont l'ostentation si naïvement audacieuse nous désarme, Voltaire pardonna au président de Brosses tout le mal qu'il lui avait fait. Il voulut reprendre avec lui un commerce épistolaire, et poussa la sérénité de conscience jusqu'à lui écrire, en novembre 1776 : « Pour moi, à l'âge où je suis, je n'ai d'autre intérêt que celui de mourir dans vos bonnes grâces ! » — On ne peut s'empêcher de dire avec le grand Frédéric se plaignant de Voltaire à Darget : « Je suis indigné que tant d'esprit et de connaissances ne rendent pas les hommes meilleurs. »

Mais n'est-ce pas une consolation pour l'imperfection humaine de voir les plus grands génies sujets à de pareilles défaillances ! — Sainte-Beuve, que je ne puis résister au plaisir de citer encore, tire de tout ceci une autre conclusion bien philosophique ; après avoir rappelé la célèbre lettre de Voltaire à Thierot : « Le mensonge n'est un vice que quand il fait du mal ; c'est une très grande vertu quand il fait du bien ; mentez, mes amis, mentez ; je vous le rendrai à l'occasion, etc., » l'illustre critique ajoute : « Quand on joue de bonne heure et si gaîment avec le mensonge, il nous devient un instrument trop facile dans toutes nos passions ; la calomnie n'est qu'un mensonge de plus ; c'est une arme qui tente, tout menteur l'a dans le fourreau, et l'on ne résiste pas à s'en servir, surtout quand l'ennemi n'en saura rien.... Je crains fort que dans toutes les coalitions et confédérations d'école, de secte et de parti, les hommes ne se ressemblent aujourd'hui comme alors, et qu'ils ne se permettent à leur manière, autant qu'ils le peuvent et autant qu'ils l'osent, ce que se refusaient si peu Voltaire et d'Alembert. Etre de bonne foi et sincère, fût-ce dans notre erreur, ce serait déjà avoir beaucoup fait pour éviter le mal et pour conserver l'honnête homme en nous... »

Le président de Brosses lui-même va nous montrer une application de ces excellents préceptes. Nous allons, en effet, le voir à son tour juger Voltaire. Dans les commentaires dont il accompagne un de ses ouvrages, il fut appelé à parler des écrivains latins qui s'efforçaient d'imiter le style de Salluste ; il en prit texte pour s'occuper des auteurs de son temps qui tentaient de copier Voltaire. A cette occasion, il en parle avec une liberté d'esprit et une loyale impartialité qui font le plus frappant, mais le plus honorable disparate avec la conduite de son ennemi. « Voltaire, dit-il, le plus grand coloriste qui fut jamais, le plus séduisant et le plus agréable, a sa manière propre, qui n'appartient qu'à lui, qu'il a seul la magie de faire passer, quoiqu'il emploie toujours la même, à tant de sujets divers lorsqu'ils en demanderaient une autre. C'est un original unique qui produit un grand nombre de faibles copistes. » C'est là, comme on le voit, de la haute impartialité. Mais, quoi qu'il en soit de toute cette philosophie, il n'en est pas moins vrai que, si de Brosses échoua à l'Académie, la seule cause en fut qu'il ne voulut pas payer de son argent les quatorze moules de bois livrés par Charlot Baudy à Voltaire et brûlés par celui-ci !

Le président s'en consola et reçut le coup comme il avait coutume pour tout ce qui lui arrivait dans la vie, c'est-à-dire avec la sereine fermeté d'un homme supérieur. Il aurait pu se venger, et, comme tant d'autres, diriger contre l'Académie, qui s'était laissé dominer par l'esprit de cabale, les traits les plus acérés : la causticité de son brillant esprit lui rendait ce jeu facile. Il n'en fit rien, estimant sans doute qu'il s'abaisserait lui-même s'il dénigrait une compagnie dans laquelle il avait sollicité l'honneur d'entrer. Il donnait ainsi un exemple qu'on aurait encore souvent, de nos jours, quelque mérite à suivre.

DIJON, IMPRIMERIE DARANTIERE

65, Rue Chabot-Charny, 65

www.ingramcontent.com/pod-product-compliance
Ingram Content Group UK Ltd.
Pitfield, Milton Keynes, MK11 3LW, UK
UKHW022147170726
13837UKWH00004B/1843